MARTIN SONNEBORN MATTHIAS SPAETGENS (HG.)

BUNDESLIGA RAUS AUS AFGHANISTAN!
25.856 FORDERUNGEN AN MERKEL – WAS DIE DEUTSCHEN WIRKLICH WOLLEN

MARTIN SONNEBORN   MATTHIAS SPAETGENS (HG.)

BUNDESLIGA RAUS AUS AFGHANISTAN!
25.856 FORDERUNGEN AN MERKEL – WAS DIE DEUTSCHEN WIRKLICH WOLLEN

Martin Sonneborn und Matthias Spaetgens (Hg.)
BUNDESLIGA RAUS AUS AFGHANISTAN!
25.856 Forderungen an Merkel – was die Deutschen wirklich wollen

ISBN 978-3-86265-335-5
Schwarzkopf & Schwarzkopf Verlag GmbH, Berlin 2013
1. Auflage Oktober 2013
Alle Rechte vorbehalten

www.schwarzkopf-schwarzkopf.de
info@schwarzkopf-schwarzkopf.de

„Das ist ein Superergebnis.
Wir werden damit verantwortungsvoll
und sorgsam umgehen."

Angela Merkel, 22. September 2013

Am Freitag, dem 13. September 2013, begann in Deutschland eine neue Ära: Als die Sonne unterging, fand vor dem Brandenburger Tor die erste iDemo der Welt statt. Vor Kamerateams aus Berlin, Holland, Österreich, Polen und Schweden demonstrierten 60 Frauen und Männer in grauen Anzügen. Statt der üblichen Plakate jedoch präsentierten sie mehrere Großbildschirme und 40 iPads, die an Holzlatten in die Luft gehalten wurden. Ein Mann im 49-Euro-Billiganzug von C&A verlas über sein Megaphon die Forderungen, die im Minutentakt synchron über alle Bildschirme gingen; Botschaften an Angela Merkel, die von einer wachsenden Zuschauermenge begeistert aufgenommen und skandiert wurden.

Veranstaltet wurde die einstündige Demonstration von der Partei Die PARTEI, dem politischen Arm des Satiremagazins *Titanic*. Die Inhalte aber stammen nicht von den Demonstranten selbst, sondern von Bürgern aus dem ganzen Land. Dass sich gerade Die PARTEI dieser Technik bedient, ist kein Zufall. Sie tritt seit Jahren unter dem Motto „Inhalte überwinden!" zu Wahlen an und verzichtet dabei weitgehend auf eigene Standpunkte.

In den 48 Stunden vor Beginn der Aktion gingen über eine speziell eingerichtete Homepage („Wir bringen IHRE Anliegen live auf unsere digitalen Transparente! Sie müssen uns nur Ihre Forderung schicken! Und können selbst auf Ihrem hässlichen Sofa sitzen bleiben ... Kein Regen! Kein Risiko! Keine Bullen!") Tausende von Botschaften an Angela Merkel ein, während der Livestream-Übertragung im Netz kamen pro Minute rund 100 neue dazu.

In einer Gesellschaft, in der das Smartphone zur Fernbedienung für das eigene Leben geworden ist, zum Garagentoröffner und Manager eines entmaterialisierten Soziallebens, ist die iDemo die wohl zeitgemäßeste und bequemste Form der politischen Kundgebung – sie passt perfekt in eine moderne repräsentative Demokratie. Lästiges Plakate- und Bannerbasteln entfällt genau wie die Anreise, die Teilnahme ist auch während der Küchenarbeit und aus der Badewanne heraus möglich, und politische Standpunkte können bei Bedarf im Minutentakt gewechselt werden. Zudem können sich Bürger, die gerne wie in alten Zeiten persönlich mitdemonstrieren, mit ihrem Smartphone oder Tablet vor Ort zuschalten.

Insgesamt gingen über 25.000 Botschaften an Angela Merkel ein. Etwa die Hälfte von ihnen ist komplett unseriös und dreht sich um „Ficken", „Freibier" oder „FDP". Was die Deutschen sonst noch wollen, steht in diesem Buch.

Berlin, im Oktober 2013

Martin Sonneborn   *Matthias Spaetgens*

Demokratie privatisieren.

Nr. 67

Für Tempo 30 in der gesamten Mittelstraße in Mannheim-Neckarstadt!

Nr. 278

Helmut Kohl muss Kanzler bleiben!

Nr. 399

Frauenquote auch für Männer!

Nr. 487

Wir fordern: Nie wieder!

Nr. 666

**Ich will
die verlorene
Zeit aus
dem TV-Duell
zurück.**

Nr. 981

Für eine spannendere Eurorettung: Kuba in die Eurozone

Nr. 1023

Esst mehr Obst!

Nr. 1587

Sprengt den Rasen, nicht die Syrer!

Nr. 1677

HSV – St. Pauli 0:1

Nr. 2001

Wir haben die FDP schon gehasst, bevor es cool wurde!

Nr. 2098

Draußen nur Kännchen.

Nr. 2887

Schalke braucht eine Schale!!!

Nr. 2998

Inhalte über-winden!

Nr. 3000

Keine Querpässe im eigenen 16er!

Nr. 3098

Für die Befreiung von der Hundesteuerpflicht für Hoteliers

Nr. 3177

Baustellenpraktika für Kunstschaffende!

Nr. 3299

Gymnasium Neubiberg als atomares Endlager!

Nr. 4003

Spaßparteiverbot jetzt: Nieder mit der SPD!

Nr. 4400

Mindestlohn für Flaschensammler!

Nr. 4572

Pi auf 3,1 runden!

Nr. 4595

Ländertausch mit Griechenland!

Nr. 5551

Für die Umbenennung Berlins in Pupshausen!

Nr. 5559

Mauerfall lückenlos aufklären.

Nr. 5788

Laura, ich liebe dich. Selbst wenn die FDP wieder die 5% schafft!

Nr. 5987

Ein Kita-Platz für Philipp Rösler!

Nr. 5999

Kohls Strickjacken zu Flüchtlingszelten

Nr. 6005

Wagenknecht, pack endlich deine Möpse aus!

Nr. 6100

F Zappa heiligsprechen!

Nr. 6439

Der Handel mit Spinat muss verboten werden

Nr. 6788

THC statt AfD!

Nr. 7078

Doktortitel für alle!

Nr. 9126

**Leider ist
diese Forderung
in Deutschland
nicht verfügbar.**

Nr. 9341

1 Tag pro Woche Redeverbot für Grüne

Nr. 9902

20% auf alles! Auch Tiernahrung.

Nr. 9904

Jutebeutel Verbot für Hipster!

Nr. 10053

Homophobie ist schwul.

Nr. 10232

Ich weiß nicht, was ich schreiben soll, deshalb hier ein Waffelrezept:

250 g Mehl

125 g Zucker

1 Pck. Vanillezucker

125 g Butter

3 Eier

250 ml Milch

1 Pck. Backpulver

1 Schuss Rum

Einfach nur alle Zutaten gut mithilfe eines Handrührgerätes mischen und in einem gefetteten Waffeleisen ausbacken

Singverbot für Nahles!

Nr. 11006

Robbenbabys totknüppeln gegen rechts!

Nr. 11245

Raus aus dem grauen Alltag. LSD ins Trinkwasser. JETZT!

Nr. 11378

50%
weniger
Lügen!

Nr. 11499

Gegen viel zu lang formulierte Plakatsprüche, die aus einer Entfernung von ca. 20 m vermutlich sowieso niemand mehr lesen kann.

Nr. 11502

Audi A3, 8L, Bj 1998, blau, verranzt, 130 TKM: 2500 Euro. 0170/738▇

Nr. 11840

Nachteile abschaffen!

Nr. 11847

Für mehr Beinfreiheit!

Nr. 11956

Hat hier jemand mal ein Ladekabel?

Nr. 12003

Westerwelle unter internationale Kontrolle

Nr. 12104

Für M. Sonneborn als Bundeskanzler oder zumindest Vize!

Nr. 12198

Für die 30-Liter-Woche!

Nr. 12543

Ich bin so sauer, dass ich sogar hier mitmache!

Nr. 12560

Freie Elternwahl für Kinder

Nr. 12672

Puff auf Krankenkasse

Nr. 12765

Panzer zu Bierdosen!

Nr. 12778

Bringt mal einen Spruch von mir :(

Nr. 12800

Null Toleranz! Ossis an die Leine legen!

Nr. 12860

Steuerhinterzieher nackig durchs Brandenburger Tor laufen lassen!

Nr. 12943

Ich will eine attraktive Singlefrau für mich!

Nr. 12947

2014 verhindern!

Nr. 12950

Zwei Bier!

Nr. 13241

Für mehr sozial und so ...

Nr. 13277

Erst wenn die letzte Tanke geschlossen ist, werdet ihr feststellen, dass die Grünen kein Bier oder Pornohefte verkaufen.

Nr. 13338

Kastration für Fahrraddiebe

Nr. 13395

Mehr Zuschauer für meinen YouTube-Kanal: JazzStyx!!!

Nr. 13402

Schwarzfahren muss bezahlbar bleiben!

Nr. 13425

Mach ma Sprit billiger!

Nr. 13498

Ausländer rein, Rheinländer raus.

Nr. 13500

Mehr Kekse!

Nr. 13509

Mehr Akku für Smartphones

Nr. 13514

Wir wollen die Birne zurück!

Nr. 13627

Sekundenkleber ist kein Spielzeug.

Nr. 13798

BVB Verbot JETZT!

Nr. 13894

FC Bayern auflösen!

Nr. 13901

Bitte noch einmal das Waffelrezept! DANKE!

Nr. 13904

Monty Python in den Lehrplan

Nr. 13978

Kleingeldverbot für Rentner an überfüllten Kassen!

Nr. 14218

Kein Sex mit Ossis!

Nr. 14229

Barack Obama! Gib den Indianern ihr Land zurück!

Nr. 14309

Verbietet Fotohandys auf Konzerten

Nr. 14380

Mehr Rückenwind für Radfahrer

Nr. 14426

Halbfinale Deutschland – Italien wiederholen! Jeder verdient eine zweite Chance.

Nr. 14445

Gegen Light-Bier in Stadien!

Nr. 14479

Frage, was dein Land für dich tun kann!

Nr. 14509

Cohn-Bandit über Syrien abwerfen!

Nr. 14602

Schokolade ist ein Menschenrecht.

Nr. 14682

**Is doch eh egal,
was wir sagen ...**

Nr. 14694

**Demonstrationsrecht
abschaffen**

Nr. 14934

Nieder mit der Meinungsfreiheit!

Nr. 14979

Stoppt Funktions- kleidung im zivilen Raum!

Nr. 14992

Kein „A" mehr in der deutschen Sprche!

Nr. 15102

Bessere Kreuzband-OPs

Nr. 15194

Stoppt Bierversuche!

Nr. 15203

Schauprozess für Niebel

Nr. 15305

Für immer 1 Euro mehr, als man braucht!

Nr. 15376

Mettwoch statt Veggie-Day!

Nr. 15389

Herr Gabriel soll schnell seinen Hut nehmen und Frau Nahles auch gleich, dann wird das für alle ein Segen sein.

Nr. 15421

Größere Warnschilder auf alkoholfreies Bier

Nr. 15427

Hängematten an Bahnsteigen!

Nr. 15562

Für Sintis und Omas!

Nr. 15690

Ich bin nur zum Pöbeln hier!

Nr. 15923

Hitlertitelbildquote für den Spiegel

Nr. 15943

Schallplatten statt Downloads!

Nr. 16005

Gegen französische Ventile in deutschen Fahrradschläuchen

Nr. 16149

Raute statt Bundesadler!

Nr. 16256

Mittelfinger statt Raute!

Nr. 16280

Ibuprofen für Menschen mit Migränehintergrund

Nr. 16388

Wer das liest, ist FDP-Wähler.

Nr. 16402

Rubbellose abschaffen!

Nr. 16412

Brauner Bär zurück ins Eisregal

Nr. 16446

Schluss mit dem Gender-Quatsch!

Nr. 16569

Magath-Verbot in 1. und 2. Bundesliga!

Nr. 16634

Nie wieder!

Nr. 16723

Kreisverkehre für Fußgänger

Nr. 16824

Ferkel zum Buffet statt Merkel & Bouffier!

Nr. 16836

Φέτα για όλους!

Nr. 16947

Mehr Streusel für Joachim Sauer

Nr. 17001

Rotierende Büronummern in allen Ministerien!!

Nr. 17084

Wer andern eine Bratwurst brät, hat ein Bratwurstbratgerät.

Nr. 17102

Petting statt Pofalla!

Nr. 17204

Staatliche Regulierung der Dönerpreise

Nr. 17215

Mehr Bürokratie wagen!

Nr. 17289

Für die friedliche Nutzung von Wind- energie!

Nr. 17391

Für freies Internet, uneingeschränkte Rüstungsexporte, Ehegatten- und EU-Splitting sowie die Pkw-, Damenrad- und Segway-Maut!

Nr. 17403

Freie Radikale endlich einsperren!

Nr. 17456

Seid netter!

Nr. 17513

Götze zurück nach Dortmund.

Nr. 17525

Spanien enteignen – Gareth Bale zu Union Berlin.

Nr. 17943

Rematerialisierung der Finanzströme!

Nr. 17958

Wider die Heideggerisierung des Seins. Gebt uns ein programmatisches Nichts!

Nr. 18016

Grüne nur noch artgerecht halten!

Nr. 18129

Uli Hoeneß verwursten! Jetzt!

Nr. 18134

Hauptsitz der EU in ein osteuropäisches Billiglohnland verlegen

Nr. 18189

Sonntags: Waffeln vorm Schloss Bellevue!

Nr. 18392

Ist das Politik, oder kann das weg?

Nr. 18407

Überwachung stoppen: Internet abschalten!

Nr. 18467

NSA-Skandal? Beendet! PRISM-Skandal? Beendet! Und Syrien? Worauf wartet Super-Pofalla?

Nr. 18469

Genug ist genug. Expansion des Universums stoppen. Jetzt!

Nr. 19145

Für die flächendeckende Repolitisierung der politischen Klasse

Nr. 19470

Mit zwei Teams zur WM!

Nr. 19689

Wir sind die Mauer, das Volk muss weg!

Nr. 19804

MEHR ...
(Ach, vergessen Sie's!)

Nr. 20236

Goslar enthitlern!

Nr. 20672

Dass das „das" das meistgebrauchte Wort bleibt.

Nr. 20685

Paarungs-verbot für NPD-Mitglieder!

Nr. 20782

Geld!

Nr. 21139

Für eine Welt, in der man aus einer Toilette trinken kann, ohne Ausschlag zu kriegen.

Nr. 21196

Kopftuchpflicht für Neonazis

Nr. 21307

Puffbesuche müssen bezahlbar werden.

Nr. 21687

Indonesische Adoptivkinder nicht nur für Promis!

Nr. 21803

Merkel eunt domus!

Nr. 22391

Ich will gelobt werden!

Nr. 22670

Respekt für Neger!

Nr. 22893

Angie, wir wollen alle in deinem Airbus schlafen!! JETZT!

Nr. 23017

Keine Touristen in Wacken!

Nr. 23163

Berlin21 – Flughafen und Bundestag unter die Erde!

Nr. 23167

Behinderten-parkplätze für alle!

Nr. 23421

Für mehr Pferd in der Lasagne

Nr. 23503

Links vor rechts statt rechts vor links

Nr. 23772

Findet Nemo!

Nr. 23906

Mehr Toleranz gegenüber mittäglichem Malzbiertrinken in der Öffentlichkeit!

Nr. 24296

Österreich is schuld. (An alles)

Nr. 24318

Hier könnte Ihre Parole stehen.

Nr. 24589

SpVgg Bayreuth braucht ein Stadiondach!

Nr. 24689

CDU+FPD=

Nr. 24823

Rückgabe des Bernsteinzimmers!

Nr. 24912

Bundesliga raus aus Afghanistan!

Nr. 25124

Hauptsache, wir werden Fußball- weltmeister.

Nr. 25341

Martin Sonneborn (48) ist Mitherausgeber des endgültigen Satiremagazins *Titanic* und hat in Münster, Wien und Berlin Politikwissenschaften studiert.
Die PARTEI, als deren Bundesvorsitzender er fungiert, erzielte bei der Bundestagswahl eine Woche nach der iDemo mit 1,1 Prozent in Berlin ihr bestes Ergebnis seit Kriegsende.

Matthias Spaetgens (40), parteilos, ist Partner der Agentur Scholz & Friends. Neben Kampagnen für große Marken versucht die Agentur immer wieder neue Wege in der Kommunikation zu entwickeln. Er lehrt an der Universität für angewandte Kunst in Wien.

Die erste iDemo der Welt wäre ohne folgende Personen nicht möglich gewesen.

Danke an:

Wolfgang Warzilek, Jana Bähr, René Gebhardt, Björn Kernspeckt, Stephan Lämmermann, Jan Lüdtke, Martin Pross, Andrea Senzel, Catherine Welling

und

Claas Augner, Dr. Helena Barbas, Anna Bauer, Dr. Mark Benecke, Daniel Benkert, Christian Brandes, Maria Bruns, Markus Emeling, Peter Mendelsohn, Tino Ranacher, Thorsten S., Chris Schiller, Mirko Derpmann, Sebastian Kamp, Daniel Klessig, Riza A. Cörtlen, Christoph Dittrich, Hannes Domke, Gerald Hensel, Nina Heyn, Anna Kubitza, Hendrik Mann, Lea Joy Friedel, Philipp von Gayl, Norbert Gravius, Björn Zaske, Karina Leske, Tine Schwarz, Jakob Sonnenberg, Gisela Harich, Annabelle Marschall, Helmut Krähe, Agostino Martino, Alexa Montag, Kristina Heuck, Peggy David, Thomas Frielinghaus, Katharina Harling, Dustin Hoffmann, Marco Mougianni, Sonja Overbeck, Mathias Rebmann, Sven Rebholz, Thomas Schnell, Florian Schwalme, Nele Siegl, Mike Schmolt, Janek Zimmermann, Marie-Luise Konrad, Johannes Stoll, Tanja Rethmann, Lars Larsen, Mario Zaradic, Michèle Scholtz, Stefan Sohlau, Jonathan Ullwer, Stefan Valentin, Carl Theo Antonin Willke, Christian Unger und die gesamte PARTEI-Kampa

sowie 25.856 Bürgerinnen und Bürger für ihre Mitarbeit.

Und was wollen Sie?
Bitte weitere Forderungen an Angela Merkel und die deutsche Politik unter www.die-partei.de/idemo einsenden.